Dankbarsein

Dankbarsein erlernen.
Dankbarkeit für Mädchen und Jungen.

Luciana Reis

übersetzt von Elke C. Poths

Dankbarsein
© 2013 Luciana Reis Gonçalves
© übersetzt 2013 Elke C. Poths

ISBN 978-84-942550-69

Verlag: Hispano Books
www.librosdeluz.es
info@librosdeluz.es

10% der Einnahmen gehen an verschiedene soziale Einrichtungen für Kinder. 5 % der Werbeexemplare gehen an öffentliche Bibliotheken, an Schulen und an Verbände, die kostenlosen Verleih durchführen.

Informationen zu diesen und anderen Initiativen finden Sie unter www.librosdeluz.es

Für Zilda,
die mir seit ich ein Mädchen war, zeigte dankbar zu sein.
Vielen Dank, Mama, für deine unendliche Liebe.

Wie das Buch anzuwenden ist

Lieber Leser, das Ziel dieses Buches ist es, Dich einzuladen, jeden Tag etwas zu finden, wofür Du dankbar bist. Als kleines Ritual vor dem Schlafengehen die Aktivitäten des Tages abschließen.

Das Buch wurde mit dem Gedanken an Leser ab 3 Jahren gestaltet, die Mithilfe eines geliebten Menschen der Bedeutung eines jeden einzelnen Bildes das Wort "danke" hinzufügen werden. Mit der Zeit, und unabhängig davon, dass sie nicht lesen können, werden sie in der Lage sein, das Buch in einer unabhängigen Form "lesen" zu können.

Wenn Du jedoch schon in der Lage bist, diese Zeilen selbst und ohne die Hilfe Deiner Familie zu lesen, schlagen wir Dir vor, dass Du, außer für das Hauptbild dankbar zu sein, Dir andere Motive vorstellst, für die Du auch dankbar bist. Dabei helfen Dir die vorgeschlagenen Sätze, die auf jeder Seite erscheinen.

Wir laden Dich ein, für alle Dinge dankbar zu sein, die Du Dir nur vorstellen kannst.

Ich danke Dir von Herzen, dass Du dieses Buch in die Hand genommen hast.

Luciana

Die Nutzen der Dankbarkeit

Viele Studien belegen die Korrelation zwischen Dankbarkeit und dem verbesserten Wohlbefinden. Obwohl Dankbarkeit in der Vergangenheit von der Psychologie vernachlässigt wurde, wurden in den letzten Jahren die Studien der Dankbarkeit und ihre positiven Auswirkungen vorangetrieben, so dass man begann, reichlich Material über die Positive Psychologie zu besitzen.

Eine Vielzahl der neuesten Arbeiten suggeriert, dass die dankbarsten Menschen ein höheres Niveau des Wohlbefindens haben, viel glücklicher und mit ihrem Leben viel zufriedener sind. Dankbare Menschen schlafen besser. Und dies scheint daran zu liegen, dass sie weniger negative Gedanken kurz vor dem Schlafengehen haben.

Unter Berücksichtigung der Vorteile der Dankbarkeit im Menschen, glauben wir, dass, wenn wir diese gewinnbringende Gewohnheit schon den Kleinsten beibringen könnten, wir ihnen eine glücklichere Zukunft sichern werden.

Wir empfehlen Ihnen das Buch "Danke! Wie Dankbarkeit dich glücklich machen kann", des Psychologen, Forschers und Autors Dr. Robert A. Emmons, Professor der Psychologie an der Universität von Kalifornien.

Danke für den Planeten Erde,

denn er ist meine Heimat.

Danke für die Sonne.

Dafür, dass sie das Leben zulässt, für die Wärme, die sie mir bietet.

Danke für den Mond.

Dafür, dass er die Gezeiten regelt, dafür, dass er der natürliche Satellit des Planeten ist.

Danke für den Raum und für die Sterne,

für ihre Mysterien, für ihre Schönheit, für die Welten, die es zu entdecken gilt.

Danke für die Luft.

Dafür, dass sie für meine Existenz unabdingbar ist.

Danke für das Wasser.

Danke für die Quellen, Flüsse, Seen, Meere, für den Regen, denn sie sind der Ursprung und die Nahrung des Lebens. Mögen Alle auf dem Planeten Wasser haben.

Danke für das Mineral- und für das Pflanzenreich.

Für die Bäume, die Pflanzen, die Blumen, die Wälder, für die Artenvielfalt, für das natürliche Erbe der Menschheit.

Danke für die Musik und die Kultur.

Für die Bücher, für das Theater, für das Kino, für den Tanz, für die Künste, für das immaterielle Erbe der Menschheit.

Danke für die Tiere.

Für die vielen Beiträge, die mir das tägliche leben schenkt, für die Haustiere, für die Wildtiere, für die Tiere, die uns als Nahrung dienen.

Danke für die Nahrung.

Für das Obst und das Gemüse, für die Cerealien, für den Fisch und für das Fleisch, für die Eier, für die Milch und die Produkte daraus. Mögen sie auf allen Tischen vorhanden sein.

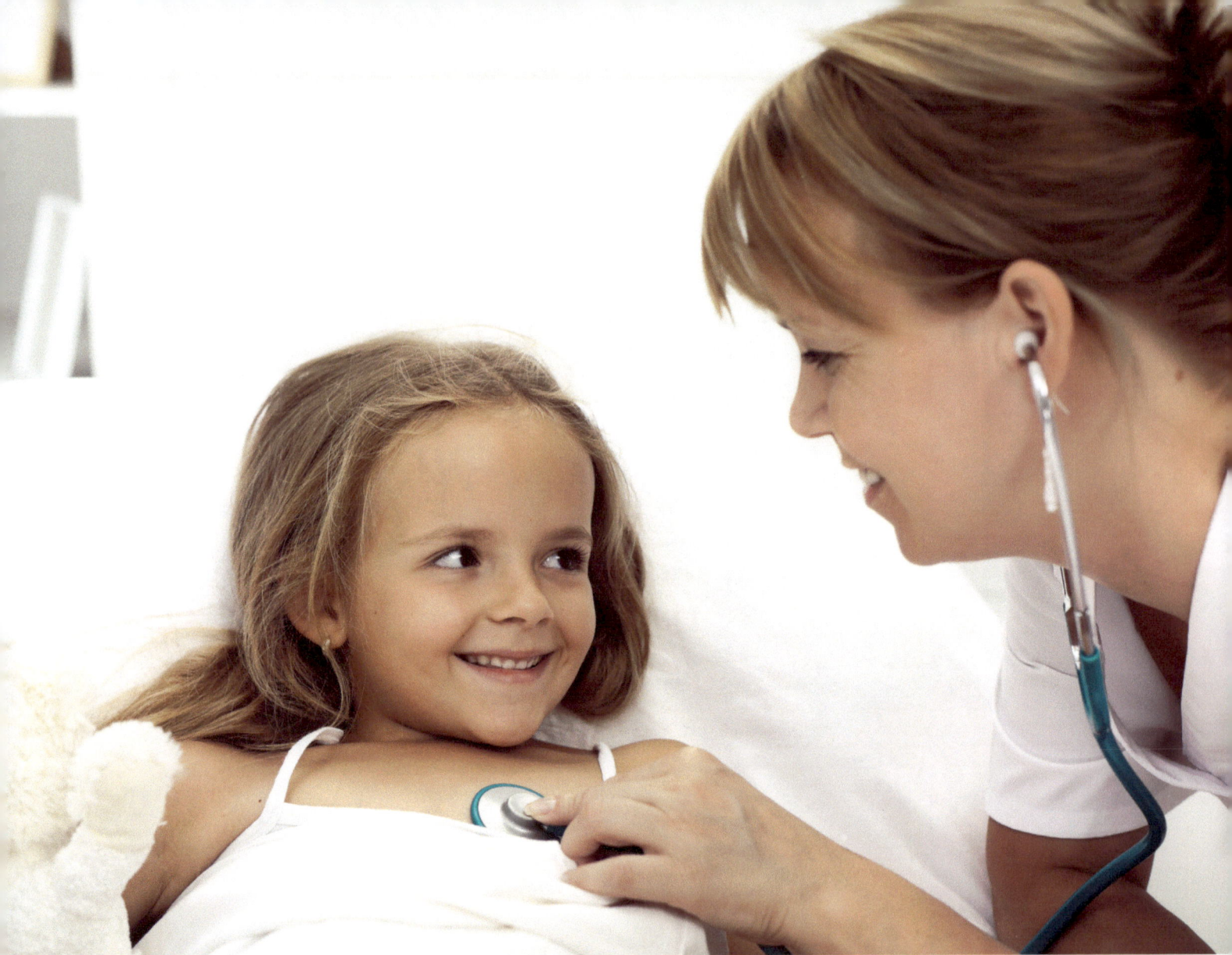

Danke für die Gesundheit.

Für die Medikamente, für die Ärzte, für die Krankenhäuser und Kliniken, für alle die Personen, die dazu beitragen, die Gesundheit zu behalten und sie wiederherzustellen.

Danke für die Zeit des Spielens, des Lernens und des Ausruhens.

Dafür, Zeit für alles zu haben. Für die Gelegenheit, unterschiedliche Aktivitäten zu erkennen, die alle für meine Entwicklung wichtig sind.

Danke für den Tag und für die Nacht

Für den Wechsel, denn nach der Nacht folgt immer ein neuer Tag.

Danke für den Frühling und für den Sommer, für den Herbst und für den Winter.

Danke für die Phasen des Lebens, für die Veränderung, für das, was kommen wird.

Danke für meine Mutter

Dafür, dass sie mir mein erstes Zuhause gab als sie mich in ihrem Bauch aufnahm, für ihre Liebe, dafür, dass sie mich aufzog, für ihre Fürsorge, für ihre Hingabe.

Danke für meinen Vater

Dafür, dass er zu meiner Existenz beigetragen hat, für seine Liebe, dafür, dass er mich aufzog, für seine Fürsorge, für seine Hingabe.

Danke für meine Schwestern und Brüder

dass sie ein Teil meines Lebens sind, dafür, dass sie Tag für Tag mit mir teilen.

Danke für meine Verwandten

Für meine Großeltern, für meine Onkel und Tanten, für meine
Cousins und Cousinen, für ihre Gegenwart in meinem Leben, für ihre
Unterstützung, für ihre Zuneigung.

Danke für meine Freunde und Kameraden

Für das Teilen von Erfahrungen, Spielen und Geheimnissen. Dafür, dass sie mit mir aufwachsen.

Danke für mein Zuhause.

Dafür, dass es mich beschützt, beherbergt, mir eine sichere Umgebung gibt, dafür, dass es mein Zufluchtsort in dieser Welt ist.

Danke für meine Nachbarn und für meine Stadt.

Für das Zusammenleben, für die Solidarität, für ein respektvolles Umfeld, für die Umgebung, für die ganze Gesellschaft.

Danke für meine Lehrer.

Dafür, dass sie mir helfen zu lernen, mir alles zeigen, Türen öffnen, Wege aufzeigen.

Danke für die gesamte Menschheit.

Für ihre anonymen Beiträge zu meinem Leben, für das Teilen von Schicksalen, für die Vielfalt der Kulturen.

Danke für meine guten Gefühle und Gedanken.

Für meine Kreativität und Phantasie. Denn sie sind die Baumeister meines Glücks.

Danke für die Schönheit, die überall ist.

Dafür, etwas Schönes zu entdecken in allem, das existiert, in den Dingen, die mich umgeben, in dem Menschen im Allgemeinen und in mir selbst.

Danke für das Lachen und für die Lebensfreude.

Für die Kraft Freude zu finden und Tag für Tag glücklich zu sein mit den kleinen Dingen.

Danke für den heutigen Tag.

Für die Zeit, die ich schon gelebt habe, für die Gelegenheit einen weiteren Tag zu erleben.

Danke für das, was ich bin. Danke dass ich existiere.

Für meinen Körper, für meine unbegrenzte Potentialität, für meine Fähigkeiten noch mehr zu entdecken.

Würdest Du gerne für mehr Dinge dankbar sein, die nicht in diesem Buch sind? Hervorragend! Benutze Deine Phantasie und bilde Deine eigenen Sätze.

Los geht's!

Es ist nicht nur zu Schlafenszeit, dass Du Dich bedanken kannst. Tatsächlich kannst Du dies in jedem Augenblick des Tages tun, in dem Dir danach zumute ist.

Wenn Du morgens aufwachst, kurz bevor Du das Bett verlässt, ist ein sehr guter Moment.

Erscheint Dir dies nicht als ein hervorragender Weg, den Tag zu beginnen?

Wenn Du den ganzen Tag über aufmerksam bist, wirst Du viele Gelegenheiten finden, Dich zu bedanken, bei Dir selbst für etwas, das Du getan hast, bei Anderen dafür, wie sie in Deinem Leben mitwirken, bei den vielen Dingen, die Du im Laufe des Tages erlebst.

Suche immer nach der besten Seite von Personen, Dingen und Ereignissen; Du findest sicher tausend und einen Grund dankbar zu sein.

Was ist, wenn Du es versuchst?

Mit jedem neuen Tag gibt es neue Gelegenheiten zum dankbarsein.

Und ist Dir etwas eingefallen, wofür Du heute dankbar sein wirst?